Muscle Cars
Autos de poder

J. Poolos

TRADUCCIÓN AL ESPAÑOL:
Eduardo Alamán

PowerKiDS press & **Editorial Buenas Letras**™

New York

Published in 2008 by The Rosen Publishing Group, Inc.
29 East 21st Street, New York, NY 10010

First Edition

Editor: Amelie von Zumbusch
Book Design: Greg Tucker
Photo Researcher: Nicole Pristash

Photo Credits: Cover, pp. 5, 9, 11, 19, 21 © Shutterstock.com; p. 7 © R. Gates/Getty Images; pp. 13, 15, 17 © Ron Kimball/Ron Kimball Stock.

Cataloging Data

Poolos, Jamie.
    Muscle cars / J. Poolos; traducción al español: Eduardo Alamán. — 1st ed.
        p. cm. — (Wild rides—Autos de locura)
    Includes index.
    ISBN-13: 978-1-4042-7639-0 (library binding)
    ISBN-10: 1-4042-7639-4 (library binding)
    1. Muscle cars—Juvenile literature. 2. Automobiles—United States—Juvenile literature. 3. Spanish language materials I. Title.

Manufactured in the United States of America

Web Sites
Due to the changing nature of Internet links, PowerKids Press and Editorial Buenas Letras have developed an online list of Web sites related to the subject of this book. This site is updated regularly. Please use this link to access the list: www.powerkidslinks.com/wild/muscle/

Contents

Contenido

A muscle car is a fast car with a strong **engine**. Muscle cars were made between the late 1950s and the early 1970s. In many ways, a muscle car is like many other midsize cars of that time. However, a muscle car is built for speed!

A muscle car can race down a quarter-mile (.4 km) **drag strip** in about 5 seconds!

Los autos de poder, o *muscle cars*, son autos muy veloces con un **motor** muy poderoso. Estos autos fueron construidos entre los años cincuenta y setenta, y aunque se parecen a otros autos de aquel tiempo, los autos de poder se construyeron para ser muy veloces. ¡Estos autos pueden recorrer una **pista de dragster** de un cuarto de milla (.4 km) en 5 segundos!

This muscle car is drag racing in Great Britain.

Este auto de poder corre en una pista de dragster en Gran Bretaña.

5

During the 1950s, carmakers figured out that many American car buyers wanted faster cars. In 1957, the carmaker American Motors put a powerful engine into one of its family cars. They called it the Rambler Rebel, the fastest four-door car in America.

Durante los años cincuenta, los fabricantes de autos se dieron cuenta de que la gente quería autos más veloces. En 1957, la compañía American Motors le puso un motor muy poderoso a uno de sus autos familiares. Este auto, llamado Rambler Rebel, fue el auto de cuatro puertas más rápido de los Estados Unidos.

Muscle cars were popular throughout the 1960s.

En los años sesenta los autos de poder eran muy populares.

7

Muscle cars look much like everyday family cars, but they have **details** that set them apart. Muscle cars have shiny paint. Some muscle cars have spoilers on the **trunk**. A spoiler is like a big wing. As the car moves forward, the air moving over the spoiler helps hold the car to the road.

Los autos de poder se parecen mucho a los autos familiares, pero la diferencia está en los **detalles.** Los autos de poder tienen pintura brillante. Algunos tienen un alerón en la **cajuela,** o **maletero.** Un alerón es como el ala de un avión. Cuando el auto avanza, el aire sobre el alerón ayuda a que el auto se mantenga en el camino.

The striped object on the back of this car is a spoiler.

El objeto con franjas en la parte trasera de este auto es un alerón.

Muscle car engines are big and powerful. Engine power is measured in horsepower. Most muscle car engines made between 350 and 420 horsepower. The Ford 427 Cammer was the most powerful muscle car engine ever made. It made 657 horsepower.

Los motores de los autos de poder son grandes y poderosos. El poder de un motor se mide en caballos de fuerza. La mayoría de los motores de los autos de poder tienen entre 350 y 420 caballos de fuerza. El Ford 427 Cammer fue el auto de poder más poderoso. Este auto tenía 657 caballos de fuerza.

This is the engine
of a muscle car

_____

Este es el motor de
un auto de poder.

The most famous muscle car is the Pontiac GTO, nicknamed the Goat. The first GTO rolled out of the factory in 1964 with an engine that made 360 horsepower. It reached 60 miles per hour (97 km/h) in 6.1 seconds. Later GTOs were even faster. The 1969 model reached 60 miles per hour (97 km/h) in 5.2 seconds!

El auto de poder más famoso es el Pontiac GTO, llamado la Cabra. El primer GTO fue construido en 1964 con un motor de 360 caballos de fuerza. El GTO alcanzaba 60 millas por hora (97 km/h) en 6.1 segundos. Los GTO más nuevos eran aún más rápidos. El modelo 1969 alcanzaba 60 millas por hora (97 km/h) en 5.2 segundos.

This 1969 GTO has a spoiler and wide tires.

El GTO de 1969 tiene un alerón y ruedas anchas.

With the Pontiac GTO ruling the streets, the carmaker Dodge decided to make its own muscle car. In 1966, it produced the Charger, one of the most famous muscle cars of all time. It had a engine that made between 450 and 475 horsepower. One famous Charger was the General Lee. This car was driven by the stars of the television show *The Dukes of Hazzard*.

Debido al éxito del Pontiac GTO, la compañía Dodge decidió fabricar su propio auto de poder. En 1966 creó el Charger, uno de los autos de poder más famosos. El motor del Charger tenía entre 450 y 475 caballos de fuerza. El General Lee, de la serie de televisión "Los Duques de Hazzard", es un Charger.

This is a 1968 Charger with a big, powerful engine.

Este es un Charger 1968 con un poderoso motor.

15

Some muscle cars were so fast that they were hard to drive around town. The Oldsmobile Cutlass 442 was both fast and easy to drive, though. Oldsmobile first made the car in 1964.

Later the company decided to improve the car so it could **compete** with other muscle cars. The 1968 model had an engine that made 390 horsepower.

Algunos autos de poder eran tan rápidos que era difícil conducirlos. Pero, el Oldsmobile Cutlass 442 era veloz y fácil de conducir. Los primeros Cutlass se fabricaron en 1964. Más tarde, la compañía decidió mejorar el auto para **competir** con otros autos de poder. El modelo 1968 tenía un motor de 390 caballos de fuerza.

Some 1968 Cutlass 442s had a soft top you could put down.

Algunos Cutlass 442 de 1968 eran descapotables.

Muscle cars have come back into style today. Some people buy the old cars and **restore** them. They take their cars to old-car rallies, or gatherings. Sometimes they have parades and **contests** for the best muscle car.

Actualmente, los autos de poder han vuelto a la popularidad. Algunas personas compran los autos antiguos y los **restauran.** Luego los presentan en exposiciones de autos antiguos. En ocasiones, participan en desfiles o en **competiciones** en las que se nombra al mejor auto de poder.

These muscle cars are lined up at a car show.

Estos autos de poder se muestran en una exposición.

Muscle cars became so popular that carmakers started to make brand-new muscle cars. These cars are called modern muscle cars. Some modern muscle cars share the names of old muscle cars. The Dodge Charger and the Pontiac GTO are two such cars. These cars use modern **technology**.

La popularidad de los autos de poder ha crecido y los fabricantes de autos han comenzado a hacer nuevos autos de poder. Algunos de los nuevos autos de poder tienen los mismos nombres de los autos antiguos, como el Dodge Charger y el Pontiac GTO. Pero estos nuevos autos usan **tecnología** moderna.

This modern muscle car is the Chevrolet Corvette Z06.

Este es un auto de poder moderno. Es el Chevrolet Corvette Z06.

People love muscle cars. They are fun to collect, fix up, show, and race. They remind us of a time when ordinary people could buy cars that were big and fast. As muscle car fans bring back more of the old cars and make them look like new, there will be more and more muscle cars on the road.

A la gente le encantan los autos de poder. Es divertido coleccionar, arreglar, exhibir y manejar estos autos. Los autos de poder nos recuerdan una época en la que cualquiera podía comprar autos grandes y veloces. Mientras más aficionados conviertan los autos antiguos en autos nuevos habrá más y más autos de poder en el camino.

Glossary

compete (kum-PEET) To go against another in a game or test.

contests (KAN-tests) Games in which two or more people try to win a prize.

details (DEE-taylz) The small parts of something.

drag strip (DRAG STRIP) A place where two cars or motorcycles race each other.

engine (EN-jin) A machine inside a car or airplane that makes the car or airplane move.

restore (rIh-STOR) To put back, to return to an earlier state.

technology (tek-NAH-luh-jee) The science of everyday life.

trunk (TRUNK) The covered part in the back of a car.

Glosario

cajuela/maletero (la/el) La parte cubierta en la parte trasera de un auto. Lugar donde se guardan las maletas y otros objetos.

competición (la) Participar en una prueba o concurso para ganar un premio.

competir Ir en contra de otro en una prueba.

detalles (los) Las pequeñas partes de algo.

motor (el) La máquina dentro de un automóvil o avión que los hace avanzar.

pista de dragster (la) Lugar en el que dos autos o motocicletas corren uno contra el otro.

restaurar Arreglar algo, regresarlo a su estado original.

tecnología (la) La ciencia que estudia los objetos de todos los días.

Index

Índice